Baby Names 2023

By Ember Fox

Copyright @ Ember Fox 2022

All rights reserved. No part of this book may be reproduced or used in any way without the prior written permission of the copyright owner, except for the use of short quotations in a book review.

9798831918342

Introduction

Choosing a name for your new arrival is an exciting time for any expecting parents! However it can be a daunting task as there are so many names to choose from and you want to get it right!

This book contains over 7000 baby names to help you get started on your journey! The names in this book have been carefully selected and include modern, traditional, European and unique baby names.

You are guaranteed to find the right name for your new baby here!

How to get started

There are so many names in this book it can be hard to know where to start!

I recommend browsing these lists with your partner and each make a list of all the names you like. You can also add names to the list that have a special meaning for you or names from favourite books or tv shows.

Compare your list with your partners and find names you have in common. You should discuss which names you like and why. This way you can begin to narrow down your list and find names which you both love.

Once you have a shortened list of names you should take some time to think about each one. Research different spellings and meanings of the name as you may find a variation which you prefer.

To help you decide on the right name consider the following:

1. Initials

Initials are made from the first letter of your first, middle and last name. They are used when signing forms or in a work environment. Check that your chosen names initials do not create a negative word like PIG or SIN

2. Spelling

It is common for names to have variations in spellings. Using an unusual variation of a name can be fun but may lead to a frustrating life of correcting others on spelling.

3. Pronunciation

Always double check the pronunciation of a name! There are plenty of youtube videos with tips and pronunciation guides for unusual names. I would also recommend looking at a few videos as they may sound different depending on the accent.

4 Surname

A common format used for work emails is 'email handles'. This is the first letter of the first name and the full surname followed by @company etc. Check that your child's email handle does not create a word that you're not comfortable with for example 'Ewan Atwood' would be Eatwood@company.com

5. Sound

Repeat the name out loud to ensure it flows with the surname. Make sure the name has a pleasing sound, repeat it aloud to check it flows with the surname.

6. Nicknames

Decide if there are appealing nicknames and whether you would use them. Check if the nickname works with the surname.

7. Popularity

It is easy to check the popularity of names on the internet. You may not decide to use a name if it is in the top ten most popular names or if a celebrity has recently used the name for their child.

8. Meaning

The meaning should be something you both feel positive about

Boys Names

	Achraf
Aarav	Acorn
Aaron	Adair
Abdiel	Adam
Abdou	Adami
Abdullah	Adamo
Abel	Adamson
Abelino	Adan
Aberforth	Adda
Abhainn	Adde
Abi	Addi
Abner	Aden
Abraham	Adler
Abram	Adonis
Ace	Adrian
Achille	Adrianna

Adriel	Aicha
Adrien	Aidan
Aedan	Aiden
Aelwen	Aigéan
Aelwyn	Ailbe
Aengus	Ailill
Aeron	Ailín
Aeronwen	Aille
Aeronwy	Aimeeloved
Aerowyn	Aimon
Afan	Aindriú
Afon	Ainsley
Agathon	Alan
Ahern	Alard
Ahmad	Alaric
Ahmed	Alavda
Ahmir	Alban

Albert	Ali
Alberto	Alijah
Alden	Alisen
Alder	Alistair
Aldo	Allan
Alec	Allen
Aled	Alma
Alejandro	Almund
Alessandro	Alnoth
Alex	Alois
Alexander	Aloisio
Alexis	Alonso
Alfred	Alonzo
Alfredo	Aloys
Alfric	Aloysisus
Alfrid	Aloysius
Alger	Alpine

Alroy	Ander
Aluin	Anders
Alun	Anderson
Alva	Andi
Alvaro	Andie
Alvia	Andra
Alvin	Andrae
Alwyn	Andras
Amari	András
Ambrose	Andre
Ameer	André
Amelot	Andreas
Amias	Andres
Amir	Andrew
Amlodd	Andy
Amos	Aneirin
Anakin	Aneurin

Angel	Apollo
Angelo	Apostol
Angus	Aralt
Anmire	Aramis
Anrai	Arawn
Anraí	Archard
Anthony	Archer
Antoine	Archerd
Antonio	Archie
Anwel	Ardagh
Anwell	Ardal
Anwil	Ardan
Anwill	Ardent
Anwyl	Ares
Anwyll	Arfon
Anyon	Ari
Aodhán	Arian

Ariel	Artie
Aries	Arturo
Arion	Arvel
Arjun	Arwel
Arlo	Arwyn
Armand	Aryan
Armande	Asa
Armando	Ash
Armani	Asher
Arnald	Ashton
Arnall	Aster
Arnau	Astin
Aron	Aston
Art	Atlas
Artagnan	Atreus
Arthur	Atticus
Arthyen	Atto

Auberi	Avere
Aubertin	Averie
Aubery	Avery
Aubray	Avi
Aubrey	Avignon
Audra	Avon
Audric	Awdrie
Auger	Awstin
August	Awtry
Augustine	Axel
Augustus	Axl
Aurelianus	Axton
Auryn	Ayaan
Austin	Ayan
Avalon	Ayden
Avary	Aydin
Avent	Ayer

Ayers	Banbhan
Azariah	Banks
Aziel	Banner
Azrael	Baptiste
Bachlóg	Barbaros
Baeddan	Bard
Baglan	Barden
Baglen	Bardene
Bail	Bardolph
Baines	Bardon
Baird	Bardot
Baker	Barhloew
Balor	Bark
Baltasar	Barnabe
Baltazar	Barnett
Balthazar	Barnum
Balzac	Barrak

Barre	Barwolf
Barrett	Barwyn
Barri	Basil
Barrick	Basile
Barrie	Basilios
Barrow	Basse
Barry	Bastien
Barrymore	Baudelaire
Barthelemy	Baudet
Barthélemy	Baudoin
Bartholome	Baudouin
Barthram	Baudry
Bartleah	Bayard
Bartley	Bayless
Bartlomiej	Bayley
Bartolome	Baylor
Bartram	Bear

Bearach	**Beckham**
Beorú	**Bede**
Beatus	**Bedivere**
Beau	**Bedo**
Beaubeau	**Bedwyr**
Beauchamp	**Beech**
Beaudean	**Beecher**
Beaudouin	**Beith**
Beaumont	**Beldan**
Beauregard	**Beldane**
Beavan	**Belden**
Beaven	**Beli**
Beaw	**Belial**
Bec	**Bellamy**
Beceere	**Bellinor**
Bechet	**Belmont**
Beckett	**Belot**

Beman	Benôit
Bemelle	Bensen
Ben	Benson
Benaiah	Bentlee
Benan	Bentley
Benard	Benvy
Benedictus	Beomann
Benett	Beore
Beni	Berach
Benicio	Berenger
Benjamin	Beretun
Benjie	Berford
Benjiman	Berge
Benn	Berian
Bennett	Berkeley
Benoit	Berkley
Benoît	Berle

Bernad	Beven
Bernal	Bevin
Bernard	Bevis
Bernardin	Bevon
Bernardino	Bevvan
Bernd	Bevvin
Bernhardus	Bevvon
Bernon	Beynon
Bernot	Bhrett
Bernt	Bijou
Berny	Bille
Berton	Billie
Bertrand	Birch
Berwyk	Birde
Berwyn	Biren
Bev	Birk
Bevan	Birkett

Birkey	Blathmac
Biron	Blayne
Birtel	Blaze
Bishop	Bleddyn
Biuon	Blethin
Bivian	Bleu
Bjorn	Blevine
Blaed	Bluejay
Blaine	Bo
Blaise	Bobby
Blaisot	Bobi
Blaize	Bode
Blake	Boden
Blakey	Bodhi
Blanchard	Bodie
Blanco	Bogart
Blanford	Bon

Bonamy	Brân
Boo	Brandon
Boone	Branson
Boston	Brantley
Bouvier	Braxton
Bow	Bray
Bowen	Brayan
Bowin	Brayden
Boyce	Braylen
Boyd	Braylon
Brac	Breandan
Bradach	Breasal
Bradan	Brecken
Braden	Brendan
Bradley	Brennan
Brady	Bret
Bran	Breton

Brett	Brixton
Brette	Broc
Bretton	Brock
Breunor	Broderick
Brian	Brodie
Briand	Brody
Briar	Brogan
Brice	Bronson
Bricen	Brooks
Bridger	Brown
Briek	Bruce
Briggs	Brunel
Brighton	Bruno
Brindley	Bryan
Brindly	Bryant
Brinn	Bryce
Brissen	Brycen

Brychan	Bud
Bryn	Buiron
Brynlee	Bunyan
Brynley	Burdett
Brynmor	Burdo
Brynn	Burgundy
Brynne	Burke
Brynner	Burket
Brynnlee	Burkett
Brynnley	Burr
Bryse	Byran
Brysen	Byron
Brysin	Cab
Bryson	Cabail
Bucge	Cabhan
Buck	Cable
Buckthorne	Cabot

Cabott	Cadoc
Cadan	Cadog
Caddel	Cadogan
Caddell	Cadwal
Caddock	Cadwalader
Cade	Cadwaladr
Cadee	Cadwallader
Cadel	Cadwgan
Cadell	Cadwgon
Caden	Cadwy
Cadewyn	Cadwyn
Cadfael	Cael
Cadfan	Caerwyn
Cadhla	Cahan
Cadmael	Cahir
Cadman	Cai
Cadmon	Caiden

Cain	Camden
Caio	Camea
Cairbre	Cameron
Cairo	Camilo
Cal	Canaan
Cale	Candide
Caleb	Candido
Caley	Cannan
Calhoun	Cannon
Calixte	Canon
Callahan	Canyon
Callan	Caol
Callen	Caolán
Callum	Caonach
Calum	Caradoc
Calvin	Caradog
Cambrie	Caragod

Carantoc	Carroll
Carantorivs	Carson
Carel	Carter
Carey	Caru
Cariad	Carvel
Carian	Carvell
Carl	Carvey
Carlin	Carville
Carlos	Carwyn
Carmelo	Cary
Carnell	Carys
Carolos	Case
Carolus	Casen
Caron	Casey
Caronie	Cash
Caroun	Cason
Carraig	Caspian

Cass	Cecile
Cassady	Cecilio
Cassedy	Cecilius
Cassidy	Cecyl
Cassius	Cedric
Castiel	Cedwyn
Catabhar	Cefin
Cathal	Cefni
Caton	Ceiriog
Cavan	Ceiro
Cayden	Celeste
Cayne	Celestina
Cayo	Celestine
Cayson	Celt
Cearney	Celtic
Cearul	Celyn
Cecil	Cennydd

Cenwyn	Chand
Ceolwald	Chandell
Cerda	Chandelle
Ceredig	Chandey
Ceretic	Chandler
Ceri	Chandley
Cerne	Chandlor
Ceron	Chane
Césaire	Chaney
Cesar	Channing
Cezanne	Chapin
Chace	Charle
Chaim	Charles
Chaise	Charlie
Chance	Charlot
Chanceller	Chase
Chancellor	Chass

Chauncy	**Christophe**
Chayce	**Christopher**
Chayse	**Chuckie**
Cheney	**Cian**
Chesare	**Ciaran**
Chester	**Cillian**
Chestnut	**Cinon**
Chevalier	**Cirroc**
Chevelier	**Claiborne**
Chevis	**Clair**
Chevy	**Clark**
Cheyne	**Claud**
Chréstien	**Claude**
Chrétien	**Claudian**
Chris	**Claudien**
Christian	**Claudin**
Christofor	**Claudiu**

Clay	Cody
Clayton	Coen
Clearie	Coeur
Cled	Cohen
Cledwyn	Coileán
Clement	Coilin
Clément	Coinneach
Cliff	Coirt
Clinton	Colby
Cloch	Cole
Clooney	Coligny
Cloud	Colin
Clovis	Collen
Cloyd	Collin
Clyde	Colm
Coast	Colman
Codi	Colombain

Colson	Conrad
Colt	Constant
Colten	Constantin
Colter	Conuoge
Colton	Conway
Colwin	Conwy
Colwyn	Cooper
Colwynn	Corbeau
Colyn	Corbin
Conall	Corby
Conan	Corbyn
Conchobhar	Cordell
Conlaoch	Corentin
Connell	Corey
Conner	Cormac
Connor	Corneille
Conor	Cornett

Corvin	Crescens
Cory	Crescent
Cosmos	Cress
Cósta	Cretien
Coty	Crew
Courtenay	Críostaí
Courteney	Criostoir
Courtis	Cristian
Courtney	Cristobal
Coyne	Croix
Craddock	Cronan
Cradock	Crosby
Crane	Cruach
Cré	Crue
Creasy	Cruz
Creed	Crwys
Creideamh	Cuán

Cubert	Cynefin
Cullen	Cynfael
Curcio	Cynfarch
Curelo	Cynfran
Curnow	Cynog
Currier	Cynwal
Curtis	Cyprien
Curtiss	Cyrille
Curtys	Cyrus
Curtyss	D'Arcy
Cuss	D'artagnan
Cwtch	Daafi
Cybi	Daavid
Cydney	Dabney
Cynan	Dacey
Cyndaf	Dafydd
Cyndeyrn	Dahril

Dai	Dana
Daineal	Dandelion
Daire	Dandre
Daithi	Dane
Dakari	Dangelo
Dakota	Danial
Dalaigh	Daniel
Dallas	Danniell
Dalldav	Danny
Dalton	Danon
Damari	Danrelle
Damian	Dante
Damiana	Dantin
Damien	Danton
Damir	Dara
Damon	Darach
Damond	Daral

Darall	Dario
Daralle	Darius
Darby	Darl
Darcey	Darragh
Darci	Darral
Darcie	Darrell
Darcy	Darren
Darel	Darry
Darele	Darryll
Darell	DArtagnan
Darelle	Darvell
Darian	Darwin
Dariel	Daryl
Daril	Dash
Darile	Dashiell
Darill	Daumier
Darille	Davian

David	Deandre
Davide	Declan
Davignon	Dee
Davin	Degare
Davion	Dei
Davis	Deiniol
Davy	Dejah
Davyn	Del
Dawid	Delaine
Dawson	Delancey
Dax	Delancy
Daxton	Delane
Dayna	Delano
Dayton	Delaware
Deacon	Delaynie
Deaglan	DeLeon
Dean	Delmas

Delmer	**Denney**
Delmore	**Dennis**
Delroy	**Denver**
Delwin	**Denys**
Delwyn	**Deodat**
Demetre	**Deonte**
Demetrius	**Deor**
Demi	**Derec**
Demont	**Derek**
Denard	**Derfel**
Denes	**Deri**
Denijs	**Derrick**
Denim	**Derry**
Denis	**Derwen**
Deniss	**Derwyn**
Dennes	**Deryn**
Dennet	**Descartes**

Desmond	Dexter
Dessert	Deycus
Destin	Diandre
Destine	Diarmuid
Deveraux	Didier
Devere	Diego
Devereaux	Dietbold
Deverell	Diggory
Devereux	Dilan
Devin	Dill
Devine	Dillan
Devlin	Dillen
Devon	Dillon
Devyn	Dilly
Dewey	Dilon
Dewi	Dilwyn
Dewie	Dinas

Dingo	Donatien
Dion	Donncha
Dione	Donovan
Dior	Doran
Dmonte	Dorian
Do	Doudlens
Dodd	Douger
Dolan	Douglas
Domenick	Dougray
Domenique	Dover
Dominic	Doyle
Dominick	Dozier
Dominik	Drake
Dominique	Draper
Don	Drazik
Dónal	Drew
Donald	Dru

Drury	Dustin
Drystan	Duval
Dryw	Duvall
Duane	Dwyn
Dubhlainn	Dyddgu
Dubois	Dyfan
Duke	Dyfed
DuLance	Dyfi
Dulé	Dyfri
Dumaresq	Dyl
Dumas	Dylan
Duncan	Dylann
Duralabh	Dylanne
Duran	Dylen
Durand	Dylin
Duranjaya	Dyllon
Dureau	Dylon

Dylonn	**Edryd**
Eadgar	**Eduard**
Eagle	**Eduardo**
Eamon	**Eduuard**
Easton	**Edward**
Ebrill	**Edwin**
Ecgwynn	**Edwyn**
Ed	**Efrog**
(Eddie)	**Eifion**
Eden	**Eilish**
Edenevet	**Eilwyn**
Edern	**Einion**
Edgar	**Eirian**
Edison	**Eirnin**
Ednowain	**Eirwyn**
Ednyfed	**Eithan**
Édouard	**El**

Eleisha	Elldrich
Elfyn	Elliot
Elgan	Elliott
Elgar	Elliotte
Eli	Ellis
Elian	Elm
Elias	Eloi
Elie	Elois
Élie	Elon
Eliel	Elouan
Eliezer	Eloy
Elijah	Elroy
Eliot	Elvis
Elis	Elwy
Elisée	Elwyn
Eliseo	Elwynn
Elisha	Emanual

Emanuel	Emyr
Emeril	Enda
Emerson	Eneas
Emery	Ennis
Emile	Enoch
Emiliano	Enrique
Emilien	Enzo
Emilio	Eoghan
Emir	Eoin
Emlen	Ephraim
Emlyn	Érasme
Emmanuel	Erbin
Emmett	Erchambaut
Emmitt	Ercwlff
Emory	Erek
Emps	Erembourc
Emrys	Eric

Éric	**Etienne**
Erick	**Étienne**
Erik	**Etrit**
Ermias	**Euddogwy**
Ernesto	**Eudeat**
Erskine	**Eudel**
Erté	**Eudelme**
Ésaïe	**Eudes**
Esmae	**Euen**
Esmay	**Eugene**
Esme	**Eugène**
Esperance	**Eugenie**
Esperaunce	**Eurig**
Esprit	**Eurion**
Esteban	**Euros**
Estienne	**Eustache**
Ethan	**Eutigirn**

Ev	**Ezekiel**
Evan	**Ezequiel**
Evann	**Ezra**
Evans	**Faber**
Even	**Fabian**
Evenston	**Fabien**
Everest	**Fabion**
Everett	**Fabre**
Everwyn	**Fabrice**
Evin	**Fabron**
Evrard	**Fabyen**
Évrard	**Falcon**
Evyn	**Fallon**
Ewan	**Faolan**
Ewy	**Faron**
Eynon	**Farran**
Ézéchiel	**Fate**

Favre	Ferrand
Fayette	Ferrante
Feá	Ferrell
Fearghall	Ferris
Feidhelm	Fèvre
Felan	Ffion
Felim	Fiachra
Felipe	Fidele
Felix	Fidèle
Ferdia	Field
Ferdinand	Finbar
Fergal	Finian
Fergus	Finlay
Fermin	Finley
Fernand	(Finn)
Fernando	Finneas
Fernandu	Finnegan

Finnley	Flynn
Finscéal	Folant
(Fionn)	Fómhar
Fisher	Fontaine
Fitzroy	Foraois
Flavien	Ford
Fleasc	Forest
Fleming	Forester
Fletch	Forrest
Fletcher	Forrester
Fleur	Fort
Flint	Fortun
Florent	Foster
Florentin	Foulques
Florian	Fox
Florin	Foy
Floyd	Franchot

Francis	Gael
Francisco	Gaerwn
Franco	Gaetan
Francois	Gage
François	Gaige
Frank	Gais
Frankie	Gaiwan
Franklin	Galant
Frédéric	Galfrid
Frederick	Galvin
Frost	Ganora
Fuinseog	Garan
Fychan	Garen
Gabin	Gareth
Gable	Garion
Gabriel	Garith
Gabriell	Garllan

Garmon	Gaultier
Garnell	Gauther
Garnock	Gauthier
Garrán	Gautier
Garrath	Gauvain
Garret	Gavan
Garreth	Gaven
Garrett	Gavin
Garrin	Gavino
Garson	Gavyn
Garth	Gavynn
Gary	Gawain
Garyth	Gawaine
Gaspard	Gawayn
Gaston	Gawayne
Gatlin	Gawen
Gaubert	Gawin

Gay	Gerardo
Gaylord	Geraud
Gearoid	Gereint
Géaud	Gerens
Genesis	Germain
Genilles	Germaine
Geoffrey	German
Geoffroi	Gerrard
Geoffroy	Gerren
George	Gervais
Georgette	Gervaise
Geraint	Gervas
Gerald	Gervase
Gérald	Gervasio
Géralde	Gerwazy
Gerallt	Gerwyn
Gérard	Gethin

Gethrude	Gilroy
Gethwine	Giovanni
Ghislain	Giraud
Gianni	Girauld
Gibbon	Glanmor
Gibson	Glaw
Gide	Gleinguid
Gideon	Glen
Gifferd	Glendon
Gilberd	Glendower
Gilbert	Glenn
Gill	Glin
Gille	Glyn
Gilles	Glynd^wr
Gillespie	Glyndwer
Gillis	Glyndwr
Gilou	Glynn

Glywys	Grantleah
Godefroi	Grantley
Godelot	Grantli
Gogan	Granville
Gordon	Graysen
Goronwy	Grayson
Gort	Greagoir
Gouen	Grégoire
Govannon	Gregory
Gower	Grenier
Grady	Grey
Graham	Greyson
Grainger	Griff
Grand	Griffen
Grandin	Griffid
Grant	Griffin
Grantham	Griffith

Griffri	**Guatimozin**
Grifin	**Gudval**
Grosvenor	**Gui**
Grove	**Guilbert**
Grue	**Guillaume**
Gruff	**Guillelmus**
Gruffudd	**Guillem**
Gruffydd	**Guillermo**
Grugwyn	**Guinn**
Grummore	**Gunnar**
Gryffen	**Gunner**
Gryffyn	**Gustav**
Gryffyth	**Gustave**
Gryphon	**Gustavo**
Grzegorz	**Gustavus**
Guabeith	**Gustaw**
Guarin	**Gusztav**

Guthlac	Gwidol
Guto	Gwili
Gutun	Gwilim
Guy	Gwilym
Guzman	Gwin
Gwalather	Gwinn
Gwalchmai	Gwinne
Gwallter	Gwion
Gwaltney	Gwladus
Gwaun	Gwrddogwy
Gwayn	Gwrddylig
Gwayne	Gwrgant
Gwenael	Gwrgenau
Gwenallt	Gwrgeneu
Gwent	Gwrgon
Gwern	Gwrhydvawr
Gwerydd	Gwri

Gwriad	Hakeem
Gwronwy	Hamlin
Gwrthefyr	Hamza
Gwrwystl	Hank
Gwyddien	Harbin
Gwyddnerth	Harby
Gwydion	Harcourt
Gwyn	Harlan
Gwyndaf	Harland
Gwynedd	Harlem
Gwynfael	Harlequin
Gwynfor	Harley
Gwynlais	Harold
Gwynn	Harri
Gwyon	Harris
Gwythyr	Harrison
Hadrien	Harry

Harvest	Hedwin
Harvey	Hedwyn
Hassan	Hedwynn
Haul	Hefin
Hawk	Heilyn
Hawthorne	Heini
Hayden	Heinrich
Haydn	Helyan
Haye	Hendrix
Hayes	Henri
Hazard	Henrik
Heath	Henry
Heathcliff	Hercule
Hebert	Heresa
Hector	Heron
Hedd	Herve
Heddwyn	Hervé

Hethin	Hopkin
Hewett	Hopkins
Hezekiah	Hopkinson
Hilaire	Hopkyns
Hillierd	Hopper
Hillock	Hoppner
Hillocke	Houston
Hillyerd	Howel
Hippolyte	Howell
Hlink	Howells
Hlithtun	Huck
Hmidou	Hudson
Hoel	Hugh
Holden	(Hugo)
Holly	Hugues
Honoré	Hunter
Hopcyn	Huw

Huwcyn	**Ifor**
Huxley	**Ignace**
Hwyl	**Iker**
Hywel	**Ilar**
Iago	**Illtyd**
Ian	**Indigo**
Ianto	**Ioan**
Iarla	**Ióisíá**
Iarlaith	**Iolar**
Ibrahim	**Iolo**
Ichmaël	**Iorath**
Idris	**Iorwerth**
Idwal	**Iosog**
Iefan	**Ira**
Iestyn	**Irfon**
Ieuan	**Isaac**
Ifan	**Isaï**

Isaiah	Jabari
Isaias	Jabrion
Íseáia	Jac
Ishaan	Jace
Isidore	Jacinth
Islwyn	Jack
Ismael	Jackie
Ismaël	Jackson
Ismâïl	**(Jacob)**
Israel	Jacoby
Issac	Jacquard
Ithel	Jacque
Ivan	Jacques
Ivor	Jad
Iwan	Jade
Izaiah	Jaden
Izod	Jadiel

Jagger	Jamison
Jai	Jannick
Jaiden	Janvier
Jaime	Jared
Jair	Jareth
Jakari	Jarlath
(Jake)	Jarred
Jakob	Jarrett
Jakobe	Jase
Jalen	Jasiah
Jamal	Jason
Jamari	Jaspa
Jamarie	Jasper
James	Javier
Jameson	Jax
Jamie	Jaxen
Jamir	Jaxon

Jaxson	Jean-pierre
Jaxton	Jedidiah
Jaxtyn	Jefferson
Jaxx	Jeffery
Jaxxon	Jeffrey
Jay	Jeffroi
Jayce	Jehan
Jayceon	Jenkin
Jayden	Jenny
Jaylen	Jensen
Jayson	Jeoffroi
Jaziel	Jereme
Jean	Jeremiah
Jean Baptiste	Jeremias
Jean-baptiste	Jeremie
Jean-charles	Jérémie
Jean-luc	Jeremy

Jericho	Jocelin
Jermaine	Joe
Jerome	Joel
Jérôme	Jöel
Jerry	**(Joey)**
Jesper	Johan
Jesse	John
Jessie	Johnathan
Jesstin	Johnny
Jestin	Jon
Jeston	Jonah
Jesus	Jonas
Jeter	Jonatha
Jett	Jonathan
Jevan	Jones
Jimmy	Jonquil
Joaquin	Jordan

Jorden	Joziah
Jordon	Juan
Jorge	Judah
Jose	Jude
Joseph	Judson
Joshua	Juelz
Josiah	Juibert
Josie	Jules
Josse	Julian
Josue	Julien
Jourdain	Julio
Jourdaine	Julius
Jourdon	Jumeaux
Journee	Juneau
Journey	Junior
Jovan	Juniper
Jovanni	Junipère

Jupiter	Kairo
Juste	Kaiser
Justice	Kaison
Justin	Kaj
Justis	Kale
Justise	Kaleb
Justus	Kalel
Justyce	Kalle
Kaarle	Kalman
Kaarlo	Kamari
Kabir	Kamden
Kace	Kamdyn
Kade	Kameron
Kaden	Kamryn
Kai	Kane
Kaiden	Kannon
Kain	Karcsi

Kareem	Kayne
Karel	Kaysen
Kari	Kayson
Karlens	Keane
Karlis	Keanu
Karlisle	Keaton
Karson	Keegan
Karsyn	Keenan
Karter	Keh
Kase	Keith
Kasen	Kellan
Kash	Kellen
Kashton	Keller
Kasim	Kelvin
Kason	Kendal
Kay	Kendall
Kayden	Kendric

Kendrick	**Khalid**
Kendricks	**Khalil**
Kendrik	**Khari**
Kendrix	**Kiaan**
Kendryck	**Kian**
Kenji	**Kieran**
Kenn	**Kieve**
Kennan	**Kilian**
Kenneth	**Killian**
Kenrick	**Kimble**
Kenricks	**Kimblyn**
Kenrik	**King**
Kenuric	**Kingsley**
Kenwrec	**Kingston**
Kenzo	**Knox**
Kerill	**Koa**
Kevin	**Kobe**

Koda	**Kurtys**
Kodiak	**Kurtyss**
Kody	**Kye**
Kohen	**Kyffin**
Kole	**Kylan**
Kolton	**Kyle**
Korbin	**Kylen**
Korbyn	**Kyler**
Kota	**Kylian**
Koufax	**Kylo**
Kraig	**Kynan**
Krew	**Kyng**
Kristian	**Kyree**
Kristopher	**Kyrie**
Kunal	**Kyro**
Kurtis	**Kyson**
Kurtiss	**Labhras**

Lac	Landry
Lachlan	Landy
Lacrosse	Landyn
Lafayette	Lane
Lake	Lanfranc
Lamar	Langley
Lamarr	Langston
Lamont	Lanier
Lance	Lannie
Lancelin	Lanny
Lancelot	Laoghaire
Land	Laramie
Landaine	Lark
Landen	Laron
Landis	Larry
Landon	Larue
Landrey	Lasalle

Lasimonne	Leandre
Lasonne	Léandre
Laurent	Leandro
Laurentin	Lear
Laurtne	Leavold
Lavaughan	Lebeau
Lave	LeBlanc
Laver	Lebron
Lavern	Ledger
Lawrence	Lee
Lawson	Leeroy
Layne	Legacy
Layton	Legend
Lazare	Legrand
Leaf	Leif
Leal	Leighton
Leamhán	Leland

Lemar	Leonidas
Lemarr	Leonidem
Lenard	Leonila
Lennard	Léopold
Lennon	Leroi
Lennox	Leron
Leo	Leroy
Leocadie	Lerroy
Leodegrance	Lestat
Leon	Leuit
Léon	Lever
Leonard	Leverett
Leonardo	Levi
Leonce	Levron
Léonce	Lew
Leonel	Lewallyn
Leonello	Lewellen

Lewellyn	Lisle
Lewes	Lleu
Lewis	Llew
Lewys	Llewellen
Liam	Llewellyn
Lian	Llewelydd
Liath	Llewelyn
Lieux	Llion
Lincoln	Lloyd
Linnellio	Llwewellin
Lion	Llwyd
Lional	Llygad
Lionel	Llyr
Lionello	Llywarch
Lionellu	Llywelyn
Lionet	Llywernog
Lionnel	Loan

Lochlan	**Lovett**
Locryn	**Lowell**
Logan	**Loyd**
Loic	**Luc**
London	**Luca**
Lonell	**Lucas**
Lorcan	**Lucca**
lorent	**Lucho**
Lorenzo	**Lucian**
Lothair	**Luciano**
Lothaire	**Lucien**
Lou	**Ludovic**
Louie	**Lueis**
Louis	**Luellyn**
Louvain	**Lugh**
Lovel	**Lughaidh**
Lovell	**Lugus**

Luis	Mack
(Luka)	Macon
Lukas	Macsen
(Luke)	Madden
Lúnasa	Maddock
Luno	Maddocks
Lusian	Maddox
Lyale	Maddux
Lyle	Maddy
Lyn	Madern
Lyon	Madoc
Lyonell	Madock
Lyric	Madocks
Mabon	Madog
Mac	Madox
Macaire	Mael
Macee	Maelgwn

Maelle	Makai
Maelog	Mal
Maelon	Malachi
Maelor	Malachy
Maen	Malakai
Magee	Malcolm
Magnus	Maldwyn
Maidoc	Malik
Mailer	Mallon
Main	Mallorie
Maine	Mallory
Maines	Mallot
Máirtín	Malory
Maisan	Manawyd
Maison	Mansel
Maisun	Mansell
Major	Manuel

Marc	Marlais
Marceau	Marley
Marcel	Marlon
Marcelino	Marmaduke
Marcellin	Marque
Marcellus	Marquel
Marcelo	Marquette
Marchello	Marquis
Marco	Mars
Marcos	Marschall
Marcus	Marsh
Maredudd	Marshal
Margo	Marshall
Margor	Marshel
Mario	Martin
Marion	Martyn
Mark	Marvel

Marven	Mathis
Marvin	Matias
Marvyn	Matiese
Marwin	Matteo
Marwynn	Matthew
Maslyn	Matthias
Mason	Matthieu
Massey	Mattieu
Massin	Mauger
Masson	Maurice
Masyn	Mauricio
Mateo	Maurin
Math	Maverick
Matheu	**(Max)**
Mathew	Maxence
Mathias	Maxim
Mathieu	Maxime

Maximilian	Mekhi
Maximiliano	Mel
Maximilien	Meledisant
Maximo	Melvin
Maximus	Memphis
Maxton	Mercer
Maxwell	Mercier
Mayhew	Meredith
Maysen	Meredudd
Mccoy	Meredyth
Medraut	Merefin
Medwyn	Merehwit
Meic	Merewyn
Meical	Merfyn
Meilir	Meriadoc
Meilyr	Merideth
Meirion	Meridith

Merion	Meryle
Merle	Messiah
Merlen	Meurig
Merlin	Micah
Merlinn	Michael
Merlynn	Michel
Merrick	Michon
Merrion	Miguel
Merthyr	Mihangel
Mervan	Milan
Merven	Miles
Mervin	Miller
Mervyn	Milo
Mervynn	Milot
Merwin	Mirabeau
Merwinn	Mirage
Merwyn	Misael

Mississippi	Mordred
Mitch	Morfarch
Mitchell	Morfran
Mohamed	Morgan
Mohammad	Morgann
Mohammed	Morgen
Moise	Morgian
Moïse	Morgin
Moises	Morgon
Monet	Morgun
Montague	Morlais
Montel	Morrgan
Montgomerie	Mort
Montreal	Morte
Morcan	Mortimer
Morcar	Morty
Mordechai	Mory

Morys	Naoise
Moses	Napoleon
Moshe	Narcisse
Moss	Nash
Mostyn	Nasir
Muhammad	Natale
Murphy	Nathan
Murtagh	Nathanael
Murvin	Nathaniel
Murvyn	Nathley
Murvynn	Navarre
Musa	Nazaire
Myles	Neal
Mylo	Néall
Myrddin	Nehemiah
Myrl	Neige
NAMES	Neil

Neirin	Nikolai
Nellee	Nikolas
Nelson	Niles
Nesta	Ninian
Nestor	Nirish
Neville	Nirmaljeev
Newlin	Nirmaljot
Newlyn	Nirvikara
Nicaise	Nixon
Nichol	Noah
Nicholas	Noe
Niclas	Noë
Nico	Noel
Nicolas	Nohl
Nigel	Nolan
Niklaus	Noland
Niko	Nollaig

Normandy	Ocean
Norris	Octave
North	Octavio
Norval	Odhran
Norville	Odil
Nouvel	Odin
Nova	Odon
Nowel	Odyssée
Noyer	Ofydd
Nudd	Oidhreacht
Nye	Oisin
Nyse	Oleander
Oak	Olever
Oakley	Oliver
Oates	Olivier
Obéron	Omar
Obert	Omari

Onfroi	Orville
Onyx	Orwel
Opaque	Oscar
Oran	Osian
Orane	Osiris
Ordric	Oslind
Oriel	Ossian
Orin	Oswallt
Orion	Otave
Orlando	Othon
Orleans	Otis
Ormondo	Ottewell
Orrie	Otto
Orry	Ouen
Orval	Ourson
Orvale	Outacite
Orvel	Owain

Owaine	Parish
Owein	Parke
Owen	Parker
Oweyn	Parnell
Pablo	Parrey
Pace	Parrie
Packard	Parrish
Pacome	Parry
Paddy	Parsifal
Padgett	Pascal
Padraig	Pascale
Page	Paschal
Paget	Paschall
Páidí	Paskal
Paladin	Pasquale
Parc	Patraic
Paris	Patrice

Patricio	Perceval
Patrick	Percival
Patrik	Percivale
Paul	Percy
Paulesh	Peredur
Paulette	Peregrine
Pawl	Perkin
Paxton	Perkins
Peadar	Perkinson
Pedr	Perkyn
Pedro	Perren
Pembroke	Perrin
Pendant	Peter
Pennant	Petit
Pepin	Peverell
Per	Peyton
Percard	Pheonix

Philbert	Pierre
Philibert	Pierse
Philip	Pierson
Philipa	Pilot
Philippa	Pirate
Philippe	Platt
Phillbert	Poart
Phillip	Pom
Phillipe	Pons
Phoenix	Port
Phylip	Porter
Picard	Portur
Pice	Porty
Pieran	Powel
Pierce	Powell
Piercy	Powle
Piere	Preston

Prewitt	Pyer
Price	Qassen
Prince	Qassim
Princeton	Quain
Pritchard	Quartz
Proust	Quay
Prvce	Qué
Pryce	Quennel
Pryderi	Quentilien
Pryor	Quentin
Prys	Quill
Pugh	Quillon
Purdy	Quincy
Purves	Quinlan
Purvis	Quinn
Purviss	Quint
Pwyll	Quintien

Quintilin	Randy
Quintille	Ranger
Quinton	Ranier
Quintrell	Rao
Qutien	Raoul
Rabbie	Raphael
Rafael	Raul
Rafferty	Ray
Ragener	Rayan
Rahoul	Raydell
Raiden	Rayden
Raimond	Raylan
Raimundo	Raymond
Raine	Raymund
Ramon	Raynell
Rance	Raynold
Randal	Razo

Reace	Rema
Reagan	Remi
Redmond	Remington
Reece	Remy
Reed	Rémy
Rees	Renate
Reese	Renaud
Reez	Renault
Regan	Rene
Reginald	René
Regis	Renee
Regnauld	Renell
Regnault	Renfrew
Reid	Renne
Reign	Rennie
Reilly	Renon
Reimundo	Reuben

Reve	Rhoslyn
Reverie	Rhun
Rex	Rhydderch
Rey	Rhydian
Reynard	Rhyhawd
Reynaud	Rhys
Rhain	Rhywallon
Rheinallt	Rían
Rhett	Ricardo
Rhiagad	Rice
Rhion	Richard
Rhiryd	Richer
Rhisiart	Ricky
Rhiwallon	Ridge
Rhobat	Riftyn
Rhodri	Riggs
Rhone	Rigny

Riguallaun	Rochildis
Riley	Rock
Rimiggiu	Rocky
Rio	Rodel
Riordan	Rodney
River	Rodolph
Rivera	Rodolphe
Roark	Rodric
Robat	Rodrigo
Robers	Rodrigue
Robert	Rogan
Roberto	Rogelio
Robin	Roger
Robinet	Rohan
Roc	Roi
Rocco	Roland
Roche	Romain

Roman	Roy
Rome	Royal
Romeo	Royce
Romney	Ruadhán
Romy	Ruari
Ronald	Ruben
Ronan	Rudy
Ronin	Ruff
Rooney	Ruffin
Rory	Rule
Rosaire	Rupert
Ross	Ruskin
Rossignol	Russell
Rousel	Rusti
Rousseau	Ryan
Rowan	Ryder
Rowen	Ryker

Rylan	Salem
Ryland	Salinger
Ryn	Salvador
Ryrid	Salvatore
Sabatay	Sam
Saber	Samir
Sabien	Samlet
Sabin	Samson
Sabinien	Samuel
Sabinu	Santana
Saby	Santiago
Sacha	Santino
Sacheverell	Santos
Sage	Sargent
Saint	Sarjant
Salaun	Sasha
Salazar	Satin

Saul	Searle
Sauveur	Searlus
Savon	Sebastian
Savoy	Sebastien
Sawel	Seignour
Sawyer	Seimon
Sayer	Seisill
Sayers	Seith
Sayre	Selwyn
Sayres	Selwynne
Scott	Senán
Seabhac	Sennet
Séaghdha	Seosamh
Seal	Sequin
Séamas	Seraffinu
Seamus	Seraph
Sean	Séraphin

Serge	Sheryl
Sergio	Shiloh
Seth	Shire
Seven	Siams
Sévère	Siani
Severin	Siarl
Seymour	Sid
Shane	Sidnee
Shante	Sidney
Shantel	Siffre
Shantell	Sigfroi
Shaun	Sigourney
Shawn	Silas
Shea	Silvain
Shepard	Silvester
Shepherd	Silvestre
Sherrill	Simon

Simone	Sorrell
Sincere	Soutine
Sinclair	Sparrow
Sinclaire	Spéir
Sion	Spencer
Siôn	Spruce
Sioni	Spurgeon
Sky	Squire
Skyler	Stanley
Slade	Steel
Soleil	Stefan
Solomon	Steffan
Somervile	Stella
Sonny	Stephen
Soren	Sterling
Sorley	Stetson
Sorrel	Steven

Stevie	Sylvain
Stirling	Sylvestre
Stone	Tadeo
Suede	Tadhg
Sullivan	Taffryn
Sully	Taffy
Sulwyn	Taillefer
Sumner	Taj
Sunny	Talamh
Sutton	Talan
Sweeny	Talfrin
Sy	Talfryn
Sydnea	Talfrynn
Sydnee	Taliesin
Sydney	Tallfryn
Sylar	Tallie
Sylas	Tallon

Tallwch	Tasciovanus
Tally	Tate
Talon	Tatum
Tân	Tavin
Tananarive	Tawlon
Tancréde	Tayce
Tanguy	Tayelor
Tanner	Tayleur
Tappen	Taylor
Taran	Taylyr
Tarant	Tchad
Taren	Teagan
Tarian	Tearney
Tarot	Tecwyn
Tarrant	Teddie
Tarren	Teddy
Tarrent	Tegan

Tegwaret	Thaddeus
Teifion	Thanchere
Teilo	Thane
Telesphore	Thatcher
Télesphore	Thayer
Telor	Thebault
Teo	Theirry
Terfel	Theo
Terner	Theodore
Terran	Théodore
Terrance	Théophile
Terre	Theoren
Terrence	Therese
Terry	Therry
Terryl	Thiago
Tewdwr	Thiar
Teyrn	Thibault

Thierry	Tite
Thiery	Titus
Thomas	Tobias
Thor	Toille
Thoreau	Tole
Tierney	Tomas
Tiger	Tomi
Timo	Tommy
Timon	Tomos
Timothé	Tone
Timothée	Tony
Timotheus	Torthred
Timothy	Toulouse
Tíogair	Toussaint
Tison	Trace
Tiszon	Tracy
Titan	Trae

Trahaearn	Travous
Trahearn	Travus
Trahearne	Travys
Trahern	Travyss
Traherne	Trayvis
Trais	Trayvon
Tramaine	Tre
Travais	Trefor
Travees	Tremain
Traver	Tremarli
Travers	Trent
Traves	Trente
Traveus	Trenton
Travious	Trev
Travis	Trevais
Traviss	Trevar
Travius	Trevelian

Trever	Trosta
Trevian	Troy
Trevis	Tru
Trevor	Truett
Trevyn	Trynt
Trey	Tryp
Triage	Trystan
Tripp	Tryver
Tris	Tucker
Trisan	Tudful
Tristain	Tudor
Tristan	Tudur
Tristann	Tudwal
Tristen	Turlough
Triston	Turner
Tristram	Turquoise
Trone	Twm

Ty	Uli
Tyce	Ulises
Tycen	Ulisses
Tyesn	Ullric
Tyeson	Ullrich
Tyler	Ulrich
Tyrel	Ultán
Tyrell	Ulysse
Tyrelle	Ulz
Tyrrel	Urbain
Tyrrell	Urbaine
Tyshunn	Urbanus
Tyshyn	Uriah
Tysie	Urian
Tyson	Uriel
Ubert	Urien
Uilliam	Uther

Utz	Vaughan
Vachel	Vaughen
Valentin	Vaughn
Valentine	Vaun
Valentino	Vaune
Valerian	Vawn
Valery	Vawne
Vallis	Veit
Valter	Velcho
Van	Velour
Vance	Velten
Vander	Verino
Varden	Verlin
Vardon	Vermont
Varian	Vernen
Varnan	Vernin
Vaschel	Vernon

Vernun	Vionnet
Vernyn	Virgile
Verrill	Vischer
Vevin	Vitalis
Vicente	Vitus
Victoir	Vogue
Victor	Volney
Vidal	Voughn
Viel	Vrai
Vihaan	Wade
Vilhelm	Wagner
Villard	Waldemar
Villiers	Walden
Vincens	Walder
Vincent	Waldo
Vincenzo	Walker
Vinnie	Wallace

Wallach	Watcyn
Wallas	Watson
Walli	Waylon
Wallie	Wayne
Wallis	Welch
Walsh	Wells
Walt	Welsh
Walten	Welwyn
Walter	Wendell
Walther	Wenzeslaus
Waltili	Werner
Walton	Werther
Walwin	Wes
Walwinn	Wesley
Walwynn	Wesson
Walwynne	West
Warren	Westin

Westley	Wilson
Weston	Winston
Wetzel	Wisconsin
Wil	Wmffre
Wilbart	Wolf
Wilber	Wolfgang
Wilbur	Wren
Wilder	Wyatt
Wilfrid	Wybren
Wilhelm	Wyn
Will	Wynn
Willi	Wynne
William	Xander
Willie	Xarles
Willifred	Xavier
Wilmer	Xzavier
Wilse	Yael

Yago	Zachalie
Yahir	Zachariah
Yale	Zachary
Yanis	Zahir
Yann	Zahn
Yannick	Zaid
Yehuda	Zaiden
Yestin	Zain
Ynyr	Zaire
Yorath	Zakai
Yosef	Zamiel
Yousef	Zander
Yusuf	Zane
Yves	Zavier
Yvet	Zayd
Yvo	Zayden
Yvon	Zayn

Zayne	**Ziggy**
Zechariah	**Zion**
Zeke	**Zuri**
Zephyrin	**Zyair**
Zev	**Zyaire**

Girls Names

Aadi	Adalicia
Aaliyah	Adaline
Aarya	Adaliz
Abby	Adalyn
Abélia	Adalynn
Abella	Adara
Abelle	Addien
Abhainn	Addilyn
Abigail	Addilynn
Abrial	Addison
Abrielle	Addisyn
Acacia	Addyson
Acadia	Adelaid
Aceline	Adelaide
Ada	Adélaïde
Adalee	Adele

Adelie	Aelwen
Adelina	Aelwin
Adeline	Aeres
Adelisa	Aerfen
Adelise	Aeron
Adeliza	Aerona
Adelyn	Aeronwen
Adelynn	Aeronwy
Aderyn	Aethwy
Adette	Afanen
Adley	Afon
Adora	Afrodille
Adriana	Agate
Adrianna	Agathe
Adrienne	Aibhlinn
Adwen	Aibreán
Aednat	Aidan

Aideen	Aislinn
Aigéan	Aitana
Aila	Alaia
Ailani	Alaina
Ailbe	Álainn
Aileen	Alaiya
Ailis	Alana
Aillin	Alani
Aimee	Alanna
Aimeé	Alannah
Aimée	Alaya
Áine	Alayah
Ainhoa	Alayna
Ainsley	Albane
Airgid	Albertine
Aisha	Aleah
Aisling	Aleanbh

Aledwen	Alice
Aleena	Alicia
Alejandra	Alienor
Alena	Alina
Alessandra	Alison
Alessia	Alisson
Alexa	Alivia
Alexandra	Aliya
Alexandria	Aliyah
Alexandrine	Aliza
Alexia	Alizeé
Alexis	Alizée
Alezae	Allegro
Alia	Allemande
Aliana	Allerie
Aliane	Allete
Alianna	**(Allie)**

Allison	Alwynne
Allouette	Alyssa
Alloura	Alysson
Allura	Amabel
Allure	Amaia
Allyson	Amalia
Alma	Amalie
Alodie	Amanda
Alondra	Amande
Alora	Amandeep
Alouetta	Amandine
Alouette	Amani
Alowette	Amara
Aloyse	Amaranth
Alsace	Amari
Alsatia	Amarine
Alva	Amaris

Amaryllis	Amirah
Amaya	Amiyah
Amayah	Amora
Amber	Amore
Ambre	Amoretta
Ambrette	Amorette
Amelia	Amorra
Amelie	Amour
Amélie	Amoura
Ameline	Amoux
Amérique	Amser
Ames	Amy
Amethyst	Ana
Ami	Anabelle
Amie	Anaelle
Amina	Anahi
Amira	Anais

Anaise	Angeline
Analia	Angelique
Anastasia	Angélique
Anaya	Angharad
Anayah	Angie
Ancelote	Anika
Anchoret	Aniya
Andi	Aniyah
Andrea	Anna
Andrée	Annabal
Angel	Annabell
Angela	Annabella
Angéle	Annabelle
Angelette	Annalise
Angelica	Anne
Angelie	Anne-marie
Angelina	Annette

Annick	Anwyn
Annie	Anya
Annika	Aoibheann
Annique	Aoibhneas
Annwyl	Aoife
Annwyll	Apolline
Ansley	Apple
Antinea	Appoline
Antionette	Appolinia
Antoinette	April
Antonella	Aquitaine
Antonie	Arabella
Antwahnette	Arabelle
Antwanetta	Arabesque
Antwinett	Araceli
Anwen	Aramis
Anwylle	Aranrhod

Ardelle	Arielle
Argene	Arionna
Ari	Ariya
Aria	Ariyah
Ariah	Arjane
Ariana	Arjean
Arianda	Arkansas
Ariane	Arlais
Arianell	Arlet
Arianna	Arletta
Arianne	Arlette
Arianrhod	Arline
Arianwen	Armande
Arianwyn	Armani
Arieana	Armantine
Ariel	Armel
Ariella	Armelle

Arriana	**Auberta**
Artemis	**Auberte**
Artois	**Aubree**
Arwen	**Aubrey**
Arya	**Aubrie**
Aryonna	**Aubriella**
Asceline	**Aubrielle**
Ashley	**Aud**
Ashling	**Auda**
Ashlyn	**Aude**
Ashlynn	**Audrey**
Aspen	**August**
Aspyn	**Aure**
Astin	**Aurèle**
Astrid	**Aurelia**
Athena	**Aurelie**
Aubergine	**Aurélie**

Aurelle	**Aviana**
Aurora	**Avianna**
Aurore	**Avignon**
Aurorette	**Avon**
Auryn	**Avril**
Austine	**Awen**
Autumn	**Awena**
(Ava)	**Axelle**
Avah	**Aya**
Avalon	**Ayat**
Avalynn	**Ayda**
Avayah	**Ayla**
Aveline	**Ayleen**
Averi	**Aylin**
Averie	**Ayra**
Avery	**Azalea**
Avian	**Azaria**

Azariah	Bealtaine
Azélie	Beara
Azure	Beatrice
Babette	Béatrice
Baie	Beaumont
Bailee	Bebe
Bailey	Bec
Báisteach	Bechet
Baize	Bechette
Ballou	Begonia
Barbara	Beibhinn
Bardot	Beige
Baroness	Belen
Bastienne	Beline
Bastina	Belisse
Baye	Bella
Baylee	Bellamy

Belle	Bernedette
Bellette	Bernelle
Bellina	Bernyce
Belvia	Berry
Benadette	Berthe
Bénédicte	Bertille
Benilde	Bertrice
Benoite	Bethan
Bérénice	Bethany
Berenicia	Bethwyn
Berkley	Betrys
Bern	Bevany
Bernadette	Bexley
Bernadine	Bianca
Bernardene	Bibi
Bernardine	Bibiane
Berne	Bichette

Bidelia	Blevine
Bidon	Blodwedd
Bijou	Blodwen
Bijoux	Blodwyn
Blaine	Blodwynne
Blair	Blondelle
Blaire	Blossom
Blaise	Bluebell
(Blake)	Bonnie
Blakely	Boudica
Blanchard	Bouvier
Blanche	Braelyn
Blanchefleur	Braelynn
Bláth	Braith
Blathnaid	Brangwen
Bleu	Branna
Bleuzen	Branwen

Brauwin	Brier
Braylee	Brigette
Breckyn	Brigid
Bree	Brigitte
Breezy	Brin
Brenna	Brinley
Brenne	Brinn
Bria	Bristol
Briallen	Brittany
Briana	Bron
Brianna	Bronia
Briar	Bronnie
Bricen	Bronny
Bridget	Bronwen
Brie	Bronwin
Briella	Bronwyn
Brielle	Bronwynn

Brooke	Buddug
Brooklyn	Burgundy
Brooklynn	C'Ceal
Brownyn	Cabernet
Brucina	Cabriole
Brucine	Cacelia
Brunette	Cachet
Brylee	Cadeau
Bryn	Cadence
Brynelle	Cadette
Brynlee	Cadewyn
Brynleigh	Cadhla
Brynn	Cadi
Brynna	Cadie
Brynnan	Cael
Brynne	Caera
Bryony	Caerwyn

Cai	Camellia
Cain	Cameron
Cainell	Camila
Caireann	Camilla
Cáit	Camille
Calais	Camryn
Calantha	Candide
Cali	Cantrelle
Caliste	Caoilainn
Calla	Caoilfhionn
Callie	Caoimhe
Calliope	Capri
Calloway	Caprice
Cambaria	Capucine
Cambree	Cara
Cambria	Caraf
Cambrie	Caragh

Careshmeh	Carter
Caress	Cartier
Caresse	Caru
Carey	Carwen
Cari	Carys
Cariad	Caryse
Caris	Caryss
Carlin	Carysse
Carly	Cascade
Carmen	Cascáidigh
Carolina	Casey
Caroline	Cassadee
Carolyn	Cassady
Caron	Cassandra
Carressa	Cassidy
Carrey	Cataleya
Carroll	Catalina

Catherine	Cecila
Catiana	Cecile
Caton	Cécile
Catreena	Cecilea
Catrin	Cecilee
Catylyn	Ceciley
Cayenne	Cecilia
Ceallach	Ceciliane
Ceceilia	Cecilie
Ceceleah	Cecilija
Ceceley	Cecilla
Ceceli	Cecille
Cecelia	Cecillia
Cecely	Cecily
Cecelyn	Cecilyann
Cecette	Ceclia
Ceciel	Cecyle

Cecylia	Ceiridwen
Cecyliah	Ceirios
Cee	Cela
Céibhfhionn	Cele
Ceicelia	Celeste
Ceiceliah	Celia
Ceil	Celie
Ceila	Célina
Ceilagh	Celine
Ceileh	Céline
Ceileigh	Celli
Ceilena	Cellie
Ceilí	Celt
Ceilia	Celtic
Ceindrech	Cendrillon
Ceinlys	Cendrine
Ceinwen	Cenerentola

Ceo	Cerria
Cera	Cerridwen
Ceradwyn	Cerridwyn
Cerea	Cerrina
Ceredwyn	Cerrita
Ceri	Ceryce
Cerian	Cerys
Cerice	Cesarine
Cericia	Cescelia
Ceridwen	Cescelie
Ceridwyn	Cescily
Cerie	Cesia
Ceris	Cesilie
Cerisa	Cesya
Cerise	Cezanne
Cerissa	Chablis
Cerisse	Chainey

Chambray	Chantaal
Chamonix	Chantae
Chana	Chantael
Chandal	Chantai
Chandel	Chantal
Chandelier	Chantall
Chandelle	Chantalle
Chandlar	Chantara
Chandler	Chantarai
Chanel	Chantasia
Chanele	Chantay
Chanell	Chantaye
Chanelle	Chante
Chaney	Chantea
Channell	Chanteau
Channelle	Chantee
Chanta	Chanteese

Chantel	Chanton
Chantela	Chantoya
Chantele	Chantra
Chantell	Chantrel
Chantella	Chantrell
Chantelle	Chantrelle
Chanter	Chantress
Chantey	Chantri
Chantez	Chantrice
Chantiel	Chantriel
Chantielle	Chantrill
Chantil	Chapin
Chantila	Charalin
Chantill	Charalyn
Chantille	Charalynne
Chantilly	Chardonay
Chantle	Chardonnay

Charee	Charnell
Charelin	Chaucer
Charelyn	Chaunta
Charelynn	Chauntay
Charilyn	Chaunte
Charilynn	Chauntel
Charisse	Chauntell
Charlee	Chauntelle
Charleigh	Chawntelle
Charlette	Chaya
Charley	Chayney
Charli	Cheerish
Charlie	Chelle
Charlize	Chelsea
Charlot	Chenelle
Charlotte	Chenille
Charmaine	Cher

Cheralin	Cherie
Cheralyn	Cheriese
Chere	Cherilin
Cherece	Cherilyn
Cheree	Cherilynne
Chereen	Cherina
Chereena	Cherisa
Chereese	Cherise
Cherelle	Cherishe
Cherena	Cherisse
Cherene	Cherita
Cheresa	Cherralyn
Cherese	Cherree
Cheresse	Cherrelle
Cherey	Cherrey
Cheri	Cherrice
Cherice	Cherrie

Cherrilin	Cheryse
Cherrilyn	Cherysh
Cherrise	Cheryth
Cherrish	Chevis
Cherry	Cheyenne
Cherrylene	Cheyrie
Cherrylin	Chiffon
Cherryline	Chimene
Cherrylyn	Chimere
Chery	Chloe
Cheryce	Chloé
Cherye	Chonda
Cheryl	Chontel
Cheryle	Christel
Cherylie	Christelle
Cherylin	Christiane
Cheryllyn	Christina

Christine	Citron
Chrysanthe	Claire
Ciara	Clairette
Cicelie	Cláirseoir
Cici	Clara
Cicilia	Claral
Cicilie	Clare
Cicily	Clarette
Ciel	Clarissa
Cile	Claude
Cili	Claudelle
Cilka	Claudette
Cilla	Claudie
Cilly	Claudine
Cinderella	Clef
Cinniúint	Clemance
Cissie	Clemence

Clémence	Colleta
Clementine	Collete
Cleo	Collette
Cliona	Collins
(Clodagh)	Colombe
Clothilde	Columba
Clover	Colwyn
Coco	Comfort
Codi	Comyna
Coeur	Coquette
Coiréil	Cora
Coleta	Coral
Colette	Coralie
Coligny	Coraline
Coll	Corbeau
Colleen	Cordney
Collet	Cordni

Corina	Courtnee
Corinne	Courtney
Corneille	Courtnie
Cornelie	Courtny
Cortenay	Creideamh
Corteney	Creis
Cortne	Creissant
Cortnee	Crescence
Cortneigh	Crescent
Cortnie	Crescenta
Cortny	Crescentia
Cosette	Cress
Coty	Cressant
Courteneigh	Cressent
Courteney	Cressentia
Courteny	Cressentya
Courtlyn	Croía

Crwys	Daireann
Crystal	Daisy
Crystin	Dakota
Cuileann	Dalary
Currier	Daleyza
Curtis	Dallas
Cybele	Damica
Cybille	Dandelion
Cynthia	Danelle
Cyrielle	Danette
Cyrille	Dangereuse
D'Or	Dani
Dacey	Danice
Daffodil	Daniela
Dahlia	Daniéle
Daija	Daniella
Daimhin	Danielle

Danique	Dearbhail
Danna	Debonaire
Danon	Deborah
Dany	Dede
Daphne	Dedie
Daralyn	Dee
Darby	DeeDee
Darcy	Deidre
Dareau	Deilf
Dariela	Déja
Darrell	DeLaina
Daveney	Delaine
Davignon	Delancey
Davina	Delancie
Dawn	Delancy
Dayana	Delaney
Dayna	Delaware

DeLayna	**Demi**
Delayne	**Demia**
Deleine	**Demiana**
Delena	**Demie**
Delene	**Deneigh**
DeLeon	**Denese**
Delia	**Deney**
Délice	**Deni**
Delight	**Denice**
Delilah	**Deniece**
Della	**Denim**
Delmare	**Denisa**
Delphine	**Denise**
Delta	**Denissa**
Delwyn	**Denisse**
Delyth	**Denize**
Demee	**Dennette**

Denni	Desirae
Dennise	Desire
Denver	Desiree
Denyce	Desirée
Denyse	Desiri
Denyw	Dessert
Deren	Destanee
Derhyn	Destina
Deron	Destine
Derran	Destinee
Derrine	Destiney
Derrynne	Destini
Dervla	Destinie
Deryn	Destiny
Desarae	Destyni
Desi	Deveraux
Desideria	Devereaux

Dewey	Dilys
Dewi	Dimanche
Diamant	Dina
Diamond	Dinnie
Diana	Dionne
Diane	Dior
Didiane	Dixee
Didina	Dixie
Diella	Dóchas
Dielle	Dodd
Dil	**(Doireann)**
Dillen	Dolphin
Dilly	Dominique
Dillyn	Dominque
Dillys	Domitilla
Dilwen	Domitille
Dilwyn	Domonique

Donatienne	Dwynwen
Doré	Dylan
Dorielle	Dylana
Dorothée	Dylane
Dorothy	Dylis
Dorsea	Dyllis
Dory	Dylyd
Douce	Dymphna
Dream	Eabha
Drew	Eabhair
Dryw	Eachna
Dubheasa	Éala
Dulce	Ealga
Dulcet	Eanid
Dulcette	Ebony
Durelle	Ebril
Dwyn	Ebrill

Ebrilla	Eilish
Ebrillwen	Eilonwy
Ecgwynn	Eiluned
Eden	Eimear
Edith	Einin
Edris	Eira
Edwige	Eire
Eedris	Eirian
Eevette	Eirianwen
Efa	Eirlys
Eglantine	Eirwen
Egypt	Eirwyn
Eibhleann	Eiry
Eiddwen	Eithne
Eileen	Elain
Eilir	Elaina
Eilís	Elaine

Eleanor	Elinore
Eleanore	Elisa
Elen	Elisabeth
Elena	Elisaria
Élénora	(Elise)
Eléonore	Eliza
Eleri	Elizabeth
Eleyn	Elize
Elian	Ella
Eliana	Elle
Éliane	Ellen
Elianna	Elliana
Elie	Ellianna
Elin	(Ellie)
Elina	Elliot
Elined	Elliott
Elinor	Ellis

Ellison	Emelia
Elliw	Emely
Elodie	Emerald
Élodie	Emeraude
Eloise	Emerence
Elora	Emerie
Elowen	Emerson
Elsa	Emersyn
Elsie	Emery
Eluned	Emilia
Elvéra	Emilie
Elvire	Émilie
Elyse	Émilienne
Emani	Emily
Ember	Emlyn
Emberly	Emm
Emele	Emma

Emmaline	Enora
Emmalyn	Ensley
Emmalynn	Enya
Emmanuelle	Enyd
Emmeline	Enydd
Emmie	Épiphanie
Emmy	Eponine
Emory	Eriana
Enda	Erianna
Ened	**(Erin)**
Enedd	Ermentrude
Enedina	Ermine
Eneida	Erminne
Enfys	Erté
Enid	Eryl
Enidd	Eseld
Enit	Esma

Esmae	Etienette
Esme	Etoile
Esmé	Étoile
Esmee	Etta
Esmeralda	Eugenie
Esmerie	Eugénie
Esperanza	Eulalie
Essyllt	Euphème
Estee	Eva
Estée	Evaine
Estella	Evan
Estelle	Evangeline
Esther	Evanna
Estrella	Évariste
Esyllt	Eve
Etain	Evelin
Ethna	Evelyn

Evelyne	Faina
Evelynn	Faith
Everlee	Fallon
Everleigh	Fána
Everly	Fanchon
Evette	Farley
Evie	Farrah
Evonna	Fatima
Evonne	Faun
Evony	Fauna
Eyvetta	Faunia
Eyvette	Fawn
Eyvonne	Fawna
Ezra	Fawne
Fabienne	Fawnia
Fabiola	Fawnya
Fae	Fayanna

Faye (circled)	Fia
Fayetta	Fiadh
Felicienne	Fianna
Félicité	Fidelma
Felicity	Fifi
Felipan	Filia
Fenella	Filippa
Fern	Finley
Fernanda	Fiona
Fernande	fionn
Fey	Fionnoula
Ffan	Flaviana
Ffion	Flavie
Fflur	Flaviere
Ffraid	Flavyere
Fharly	Fleur
Fhazaar	Fleurette

Fleurine	Françoise
Flora	Franette
Flore	Frankie
Florence	Fraoch
Floressa	Frédérique
Flori	Fredy
Flower	Freya
Foighne	Freyja
Fómhar	Frida
Fonn	Frostine
Fontanne	Fuinseog
Foraois	Gabriela
Forest	Gabriella
France	Gabrielle
Frances	Gaby
Francesca	Gael
Francine	Gaelle

Gaenna	Gavyn
Gaenor	Gay
Gaetane	Gayana
Gai	Gayna
Gaia	Gaynor
Gaiwan	Gealach
Gala	Geall
Galaxy	GeeGee
Gale	Geimhreadh
Galilea	Gem
Gaofar	Gemma
Garan	Genavee
Gareth	Genavieve
Garlande	Genesis
Garldina	Geneva
Garnet	Geneve
Gavin	Genève

Geneveeve	Genni
Genever	Gennie
Genevia	Gennifer
Genevie	Genniver
Genevieve	Gennivre
Geneviève	Genny
Genevra	Gennye
Genevre	Genovefa
Génie	Genoveffa
Genifer	Genovera
Geniffer	Genoveva
Genivee	Geny
Geniver	Georgette
Genivieve	Georgia
Genivra	Georgienne
Genneigh	Geraldine
Genney	Gerardine

Germaine	Gisele
Gervaise	Giselle
Gethwine	Gislaine
Gezelle	Gitte
Ghislaine	Giuliana
Gia	Glad
Giana	Gladdis
Gianna	Gladdys
Giavanna	Gladi
Gigi	Gladis
Gilberte	Gladys
Ginebra	Gladyss
Ginevra	Glaedwine
Ginevre	Glain
Ginger	Glema
Ginnie	Glen
Giovanna	Glenda

Glenice	**Glynis**
Glenis	**Glynn**
Glennda	**Glynnis**
Glennice	**Goleu**
Glennis	**Goleudydd**
Glennys	**Gormlaith**
Glenys	**Grace**
Glinda	**Gracelyn**
Glinnis	**Gracelynn**
Glinyce	**Gracie**
Glinys	**Grainne**
Glinyss	**Grásta**
Gloria	**Grazielle**
Glyn	**Greta**
Glynae	**Gry**
Glynda	**Gryta**
Glynice	**Guadalupe**

Guendolen	Gwawr
Guendolin	Gwen
Guendolinn	Gwenaelle
Guendolynn	Gwenda
Guenever	Gwendal
Guenevere	Gwendaline
Gueniver	Gwendalyn
Guenivere	Gwendalynn
Guenna	Gwenddydd
Guennola	Gwendolen
Guilette	Gwendolene
Guillaumette	Gwendolin
Guillaumine	Gwendoline
Guin	Gwendolyn
Guinever	Gwendolynn
Guinevere	Gwendolynne
Guinna	Gwendydd

Gweneth	Gwenndolen
Gwenetta	Gwenness
Gwenette	Gwenneth
Gwenever	Gwennetta
Gwenevere	Gwenni
Gwenhevare	Gwennie
Gwenhwyfar	Gwenno
Gwenifer	Gwennol
Gwenifrewi	Gwennola
Gwenisha	Gwennor
Gwenita	Gwennora
Gwenith	Gwennore
Gweniver	Gwenny
Gwenllian	Gwenora
Gwenn	Gwenore
Gwenna	Gwenyth
Gwennan	Gwerfyl

Gwineth	Gwynith
Gwinna	Gwynna
Gwinne	Gwynne
Gwinneth	Gwynneth
Gwinyth	Gwynyth
Gwir	Hadassah
Gwladus	Hadlee
Gwladys	Hadleigh
Gwledyr	Hadley
Gwyladyss	Haf
Gwylan	Hafwen
Gwynda	Hailey
Gwyndolyn	Haisley
Gwynedd	Haley
Gwyneira	Halle
Gwyneth	Hallie
Gwynevere	Halo

Hana	Hazel
Hanna	Heather
Hannah	Heaven
Harlee	Heidi
Harleigh	Helaine
Harley	Heledd
Harlow	Helen
Harmoni	Helena
Harmony	Helene
Harper	Heloise
Harriet	Héloïse
Harriette	Henley
Hattie	Henrietta
Haven	Henriette
Hayden	Heulwen
Haylee	Hilaire
Hayley	Hlynn

Holland	Ila
Holly	Ilanis
Honey	Ilanys
Honore	Ilar
Honoré	Iliana
Hope	Illuminée
Huguette	Imani
Hunter	Imogen
Hunydd	Inaya
Hyacinth	Indeg
Hyacinthe	India
Ide	Indie
Idelisa	Indre
Idella	Ingenue
Idelle	Iolanthe
Idris	Iona
Igraine	Iorwen

Iphigenie	Ivetta
Irene	Ivette
Iris	Ivonna
Isabeau	Ivonne
Isabel	Ivory
Isabela	Ivy
Isabella	Iyla
Isabelle	Izabella
Isabelline	Izett
Isaline	Izod
Isla	Jacalin
Ismay	Jacalyn
Isolde	Jacalynn
Itzayana	Jacinta
Itzel	Jacinthe
Ivanna	Jackalin
Ivett	Jackalinne

Jackelyn	Jacquelin
Jacketta	Jacquelina
Jackette	Jacqueline
Jacklin	Jacquella
Jacklyn	Jacquelle
Jacklynne	Jacquelyne
Jackqueline	Jacquelynn
Jaclin	Jacquelynne
Jacolyn	Jacquenetta
Jacqi	Jacquenette
Jacqlyn	Jacquetta
Jacqualine	Jacquette
Jacqualyn	Jacqui
Jacquard	Jacquie
Jacquel	Jacquine
Jacquelean	Jacquotte
Jacqueleen	Jaculine

Jada	Jaquelyn
Jade	Jaquelynn
Jaelynn	Jaquith
Jakleen	Jarrell
Jaklyn	Jasmin
Jaliyah	Jasmine
Jamie	Jaycee
(Jane)	Jayda
Janelle	Jayla
Janeva	Jaylah
Janevra	Jaylee
Janifer	Jayleen
Janine	Jaylin
Janiyah	Jazlyn
Janvier	Jazmin
Jaquelin	Jazmine
Jaqueline	Jeanetta

Jeanette	Jenifer
Jeanine	Jeniffer
Jeanne	Jenita
Jeannie	Jenlyns
Jehanne	Jenn
Jemma	Jenna
Jen	Jennalee
Jenalee	Jennalyn
Jenalyn	Jennavieve
Jenavieve	Jenne
Jenefer	Jennea
Jenesis	Jennee
Jeneth	Jennefer
Jeneva	Jenneigh
Jenevieve	Jenneva
Jeni	Jenney
Jenibelle	Jenni

Jennica	Jestina
Jennie	Jestine
Jennifar	Jeune
Jennifer	Jewel
Jenniffer	Jewelene
Jennika	Jewelisa
Jennipher	Jewella
Jenniver	Jewelle
Jenny	Jewelyn
Jennyfer	Jianna
Jenovefa	Jillian
Jenyfer	Jimena
Jermaine	Jineeva
Jessamine	Jineva
Jessica	Jo-Dell
Jessie	Joanna
Jesstina	Joanne

Jocelin	Joie
Jocelyn	Jolee
Jodell	Joleigh
Jodelle	Jolene
Joela	Joley
Joelin	Jolie
Joella	Joliet
Joelle	Jolietta
Joellen	Joliette
Joelliane	Joly
Joellin	Joneva
Joelly	Jonevah
Joellyn	Jonilde
Joely	Jonquille
Joelynn	Jooley
Joetta	Joolie
Johanna	Jordan

Jordane	Jowelle
Jordyn	Joy
Josée	Joyce
Josephe	Judith
Josephine	Juditha
Josette	Judithe
Josiane	Juelline
Josie	Juillet
Jourdain	Juin
Jourdaine	Jules
Journee	Julia
Journey	Juliana
Journi	Julianna
Jovianne	Julianne
Jovie	Julie
Jovienne	Julienne
Jowella	Juliet

Julieta	Kaia
Juliette	Kailani
Julissa	Kailey
Jullee	Kairi
Jullie	Kaisley
Jully	Kaitlyn
Jumeaux	Kaiya
Jumelle	Kalani
June	Kali
Juneau	Kaliyah
Juniper	Kallie
Justice	Kamari
Justine	Kamila
Kaci	Kamilah
Kadence	Kamille
Kadi	Kamiyah
Kai	Kamryn

Kandra	Kayla
Kara	Kaylani
Karen	Kaylee
Karina	Kayleigh
Karla	Kaylie
Karsyn	Keela
Karter	Keely
Karys	Kehlani
Kassidy	Keilani
Kataleya	Keily
Katalina	Keira
Kate	Kekilia
Katelyn	Kelly
Katherine	Kelsey
Kathryn	Kena
Katie	Kenda
Kaydence	Kendall

Kendra	Kerin
Kendrah	Kerry
Kendrea	Keyla
Kendri	Keyna
Kendria	Khalani
Kendrie	Khaleesi
Kendrya	Khloe
Keni	Kiah
Kenia	Kiana
Kenna	Kiara
Kennah	Kieve
Kenndra	Kikelia
Kenndrea	Kiki
Kennedi	Kikylia
Kennedy	Kimber
Kensley	Kimberly
Kenzie	Kimora

Kinley	Kylie
Kinna	Kyndra
Kinslee	Kyndria
Kinsley	Kynlee
Kira	Kyra
Kora	Lace
Kordney	Lacee
Kori	Lacene
Kortney	Lacey
Kortni	Laci
Kourtenay	Laciann
Kourtnee	Lacyann
Kourtneigh	Lafayette
Kourtnie	Laicee
Kyla	Laicey
Kylee	Laila
Kyleigh	Lainey

Laisey	Lauren
Lakendra	Laurentina
Lana	Laurentyna
Landry	Laurentyne
Lanette	Laurette
Laney	Laurraine
Laoise	Lauryn
Lara	Lavaughan
Laraine	Lave
Laramie	Lavender
Larhonda	Laverne
Laronda	Laycie
Larue	Layla
Lasair	Laylah
Laura	Laylani
Laure	Layne
Laurel	Lea

Léa	**Lena**
Leah	**Lenette**
Leal	**Lennon**
Leala	**Lennox**
Lealia	**Lenore**
Lealie	**Leona**
Leana	**Léonette**
Leanna	**Leonie**
LeBlanc	**Léonie**
Leelee	**Léonne**
Legacy	**Leontina**
Leia	**Leontine**
Leiana	**Leontyne**
Leighton	**Leopoldine**
Leila	**Leraine**
Leilani	**Lerayne**
Leilany	**Leslie**

Leverett	Lilac
Levron	Lilah
Lexi	Lilas
Lexie	Lilia
Leyla	Lilian
Lia	Liliana
Liahna	Liliane
Liana	Lilianna
Liane	Lilith
Liann	Lillian
Lianna	Lilliana
Lianne	Lillie
Libby	**(Lilly)**
Liberty	Lilou
Lieselotte	**(Lily)**
Lieux	Lilyana
Lila	Lina

Linda	Llewella
Linet	Lleyke
Linett	Llinos
Linetta	Llyn
Linette	Llywelya
Linnet	Llywelydd
Linnette	Logan
Linnit	Loie
Linniue	Loire
Lionel	Lola
Lisette	London
Lisle	Londyn
Liv	Lonette
Livia	Lorain
Liyana	Loraina
Lizette	Loraine
Lleucu	Lorayne

Lorelai	Lourdetta
Lorelei	Lourdette
Loreto	Lowri
Loretta	Lowry
Lorraina	Lucette
Lorraine	(Lucia)
Lorrayne	Luciana
Lottie	Lucida
Lou	Lucie
Loucille	Luciela
Louisa	Lucienne
Louise	Lucila
Louisiana	Lucille
Louisiane	Lucinde
Louisianna	Lucinenne
Lourdecita	Lucrece
Lourdes	Lucrèce

Lucy	Lydie
Lucyle	Lyla
Luella	Lylah
Lúil	Lyle
Luisa	Lynelle
Lumière	Lynessa
Luna	Lyneth
Lúnasa	Lynett
Lune	Lynetta
Luned	Lynette
Lunet	Lynlea
Lunette	Lynnelle
Lurdes	Lynnet
Luseele	Lynnette
Lusile	Lyonell
Lyanna	Lyra
Lydia	Lyric

Lyrica	Madeleine
Lyricia	Madeline
Lys	Madella
Mab	Madelle
Mabel	Madelyn
Mabli	Madelynn
Mabyn	Madilyn
Macee	Madilynn
Macha	Madison
Maci	Madisyn
Macie	Madrona
Mackenzie	Madrun
Macy	Mae
Madalyn	Maebh
Madalynn	Maegan
Maddison	Maegen
Madelaine	Maela

Maelie	Magritte
Maelle	Mahogany
Maelys	Mai
Maerwynn	Maia
Maeva	Maicey
Maeve	Maicy
Magali	Maigen
Magalie	Maighdlin
Magaly	Maika
Magan	Maille
Magdala	Mailys
Magdalaine	Maine
Magdaleine	Mair
Magdalen	Maire
Magdalena	Mairead
Maggie	Mairwen
Magnolia	Maisie

Maiti	Malloreigh
Makayla	Mallorey
Makenna	Mallori
Makenzi	Mallory
Makenzie	Malorey
Malani	Malori
Malaya	Malorie
Malayah	Mandolin
Malaysia	Manet
Maleah	Manette
Mali	Manon
Malia	Maolisa
Maliyah	Maple
Mallaidh	Mara
Mallary	Marared
Mallerey	Marcelia
Malloree	Marceline

Marcelle	Margot
Marcheline	Marguerite
Marchery	Margurite
Marchesa	Mari
Marchessa	(Maria)
Mardi	Mariah
Maren	Mariam
Margaret	Marian
Margaux	Mariana
Margeaux	Marianda
Marged	Mariane
Margeree	Mariann
Margerey	Marianna
Margery	Marianne
Margherite	Maribel
Margi	Maribeth
Margo	Maridel

Marie	Marisol
Mariel	Marita
Marielle	Marjerie
Marien	Marjie
Mariet	Marjo
Marietta	Marjolaine
Mariette	Marjolie
Marigold	Marjori
Marilee	Marjy
Marilena	Markaisa
Marilene	Markessa
Marilisa	Marlee
Marilou	Marleigh
Marilu	Marlette
Marilyn	Marley
Marina	Marlowe
Marine	Marquesa

Marquessa	Maryon
Marquette	Maryonn
Marquisa	Mathilde
Marquisha	Matilda
Marseilles	Matilde
Martella	Maud
Martha	Maude
Marthe	Maura
Martine	Maurelle
Martinique	Maurice
Marvel	Mauve
Mary	Mave
Maryam	Mavis
Maryan	Maxime
Maryanna	Maxine
Marycruz	May
Maryetta	Maya

Maygan	Meggan
Mazarine	Meggi
Mazikeen	Meggie
Mazine	Meggy
Mckenna	Meghan
Mckenzie	Meghann
Mckinley	Meghanne
Meadow	Meighan
Meagan	Meilani
Meaghan	Meinir
Mealla	Meinwen
Meara	Meiriona
Meave	Meitheamh
Medi	Mélaine
Meeghan	Melangell
Megan	Melani
Megen	Melanie

Mélanie	Mercer
Melaniu	Mercy
Melany	Meredith
Meleri	Meredithe
Melina	Mererid
Melisande	Merl
Mélisande	Merla
Melisandre	Merle
Melissa	Merlin
Melissande	Merlina
Mellicent	Merline
Mellisent	Merlyn
Melodie	Merola
Melody	Merouda
Melusine	Merridie
Menna	Merthyr
Meradith	Meryl

Mia	Milani
Michaela	Milena
Michéle	Miley
Michèle	Milicent
Micheline	Milisent
Michelle	Millicent
Michon	Millie
Miette	Milzie
Mignon	Mimi
Mignonette	Mina
Mignonne	Minerve
Mikaela	Minette
Mikayla	Mingnon
Mil	Miniona
Mila	Minjonet
Milan	Minuet
Milana	Minuit

Minyonette	Misty
Minyonne	Moina
Mira	Moire
Mirabelle	Molly
Miracle	Monet
Mirage	Monica
Mirain	Monike
Miranda	Moniqua
Mireilla	Monique
Mireille	Monroe
Mireio	Moon
Mirell	Morfudd
Mirette	Morgain
Mireya	Morgaine
Miriam	Morgan
Mirielle	Morgana
Mistique	Morgance

Morgane	Mostyn
Morganica	Moya
Morgann	Muguet
Morganne	Muire
Morgayne	Muireann
Morgen	Muirgan
Morgian	Muirgheal
Morgin	Muirne
Morgon	Muriel
Morvyth	Murle
Morwen	Murphy
Morwena	Musetta
Morwenna	Musette
Morwina	Mya
Morwinna	Myfanwy
Morwyn	Myla
Morwynna	Mylah

Myra	**Nadine**
Myrelle	**Nadyna**
Myrl	**Nadyne**
Myrle	**Naeva**
Myrleen	**Nage**
Myrlene	**Nala**
Myrline	**Nalani**
Myrtle	**Nancy**
Mystica	**Nanée**
Mystique	**Nanette**
Mystral	**Nanine**
Nadeen	**Nannette**
Nadége	**Nanon**
Nadena	**Nanou**
Nadene	**Naomi**
Nadia	**Narcisse**
Nadina	**Narguize**

Narqis	Nellie
Natalène	Neris
Natalia	Neriss
Natalie	Nerys
Nataly	Neryss
Natasha	Nessa
Nathalia	Nest
Nathalie	Nesta
Natividad	Nevaeh
Navy	Neya
Naya	Neyah
Naydeen	Nia
Nayeli	Niah
Neala	Niajia
Neamh	Niamh
Nefyn	Nichele
Neige	Nichelle

Nicholina	Noeline
Nicole	Noeliz
Nicoletta	Noell
Nicolette	Noella
Nicollette	Noelle
Nina	Noelleen
Ninette	Noely
Ninian	Noelynn
Ninon	Noemi
Noa	Noémie
Noah	Nóinín
Noe	Nola
Noel	Nollaig
Noela	Non
Noele	Noor
Noeleen	Nora
Noelene	Norah

Normandy	Oaklynn
Norris	Ocean
Nouvel	Oceane
Nova	Océane
Novah	Octava
Novalee	Octavia
Noweleen	Octavie
Noyer	Odalis
Nyfain	Odeletta
Nyla	Odetta
Nylah	Odette
Nynette	Odile
Nyomi	Odilia
Oaklee	Ofilia
Oakleigh	Oleesa
Oakley	Oleisa
Oaklyn	Olisa

Olive	Opal
Olivette	Opaque
Olivia	Ophelia
Oliviane	Ophelie
Olwen	Ophélie
Olwenn	Oralia
Olwin	Oralie
Olwyn	Orane
Olwyne	Orania
Olwynne	Oreli
Olympe	Orelie
Olympiad	Oriane
Olympienne	Orianne
Ómra	Oriel
Ondelette	Orielda
Ondine	Orlaith
Oonagh	Orleane

Orleans	Palmer
Orlee	Paloma
Orlena	Paméla
Orlene	Pansy
Orly	Paola
Ottalia	Papillon
Ottilie	Paris
Ottolie	Parker
Ottoline	Parry
Ouida	Pascale
Owena	Pascalie
Page	Pascaline
Paige	Pascasia
Paislee	Pasquette
Paisleigh	Patience
Paisley	Patrice
Paityn	Paula

Paule	Penrose
Paulette	Pensée
Paulille	Peony
Paulina	Pépélope
Pauline	Pepper
Pavanne	Percy
Payton	Peren
Peach	Perette
Pearl	Peridot
Péarla	Perle
Peita	Perlette
Peitil	Perline
Pembroke	Pernella
Pendant	Péronelle
Penelope	Perpétue
Pennelope	Perrette
Penny	Perrey

Perrine	Pierette
Persephone	Pierina
Perweur	Pierra
Petal	Pierrette
Petit	Piobar
Petronille	Piper
Pétronille	Placidie
Petunia	Pleasance
Peyton	Pomeline
Phaedra	Pomme
Philippine	Poppy
Philis	Porcie
Phillis	Porter
Philomène	Prairie
Phoebe	Presley
Phoenix	Prew
Piaf	Prewdence

Prim	Questa
Primevère	Quinci
Primrose	Quincie
Princess	Quincy
Prisca	Quinn
Priscilla	Rachel
Priscille	Rachelle
Promise	Racquel
Provence	Radha
Prudentiane	Raegan
Prudenzia	Raelyn
Prue	Raelynn
Prune	Raewyn
Prunelle	Rafaella
Pugh	Rafaila
Queen	Raffelle
Queenie	Raimonda

Rain	Reanan
Raina	Reanna
Raine	Reanne
Ramona	Réba
Ramonde	Rebecca
Raoule	Rébecca
Raphaëlle	Rebekah
Raquel	Reese
Raven	Reeva
Raya	Regan
Raymonde	Regia
Raymondine	Regina
Rayna	Régine
Rayne	Reign
Reagan	Reina
Réalta	Reine
Réaltra	Reinette

Remi	**Rheana**
Remington	**Rheanna**
Remy	**Rheanne**
Renae	**Rhedyn**
Renata	**Rhemy**
Renate	**Rhiain**
Renaud	**Rhian**
Renay	**Rhiana**
Rene	**Rhiane**
Renee	**Rhiann**
Renée	**Rhianna**
Reneisha	**Rhiannan**
Renell	**Rhiannon**
Revanche	**Rhianon**
Reverie	**Rhianu**
Reyna	**Rhianwen**
Rhea	**Rhianydd**

Rhona	Rianne
Rhonda	Riannon
Rhondelle	Rianon
Rhondene	Rice
Rhondiesha	Richarde
Rhonette	Richilde
Rhonnda	Riece
Rhonwen	Rigny
Rhoslyn	Riley
Rhoswen	Ríoga
Rhosyn	Riona
Rhyan	Rionach
Rhylee	Rivage
Rhylen	River
Rhys	Rivka
Riana	Robena
Rianna	Roberta

Roberte	Romeine
Robertina	Romene
Robin	Romilly
Robina	Romina
Robine	Ronaldette
Roch	Ronaldine
Rochelle	Ronda
Roesia	Rondel
Róinseach	Rondelle
Roisin	Rondi
Rolande	Ronee
Romaine	Ronnda
Romanade	Rori
Romane	Rory
Romanette	Rós
Romany	Rosa
Romayne	Rosalee

Rosaley	Roux
Rosalia	Rowan
Rosalie	Rowena
Rosalyn	Rowenna
Rosalyne	Royal
Rose	Royalene
Roselle	Royalina
Roselyn	Royalla
Rosemarie	Royalle
Rosemary	Royalty
Rosemonda	Royalyn
Rosemonde	Royalynne
Rosette	Rozelie
Rosie	Rozelle
Rosine	Rozellia
Rouge	Rozely
Rousseau	Rrenae

Ruairí	Sadhbh
Ruby	Sadie
Rumi	Saffron
Ruth	Sage
Ryan	Sahara
Ryann	Saige
Ryanna	Saileach
Ryanne	Saison
Rylan	Salamanca
Rylee	Salem
Ryleigh	Salomé
Rylie	Samantha
Sabienne	Samanthée
Sabine	Samara
Sabrina	Samhradh
Sacha	Samira
Sacilia	Sanan

Sandrine	Savanna
Saoirse	Savannah
Sapphire	Sawyer
Sara	Saylor
Sarah	Scarlet
Sarai	Scarlett
Sarese	Scarletta
Sarette	Scarlette
Sariah	Scherie
Sariyah	Scout
Sarotte	Scoutt
Sash	Seamair
Sasha	Sébastienne
Sasilia	Secelia
Sasilie	Seelia
Satin	Seelie
Satine	Selah

Selena	Sessily
Selene	Sessy
Selia	Seva
Senna	Sevastiane
Sequin	Severin
Sequoia	Severine
Seraphina	Sevyn
Seraphine	Shanda
Séraphine	Shandelle
Seren	Shanel
Serena	Shanell
Serenity	Shanna
Sesilia	Shannel
Sessaley	Shannelle
Sesseelya	Shantahl
Sessile	Shantal
Sessilly	Shantalle

Shantel	Shauntell
Shantell	Shawnda
Shantella	Shawnta
Shantelle	Shawntile
Shanton	Shawntille
Sharalin	Shay
Sharalyn	Shea
Sharay	Sheena
Shareese	Sheirys
Sharelyn	Shelby
Sharelynne	Shenelle
Sharice	Sher
Sharilynn	Sheralin
Shary	Sheralynne
Sharyse	Sherece
Shaunda	Sheree
Shaunta	Shereece

Shereen	Sherrelle
Shereena	Sherrica
Sherees	Sherrilyn
Shereese	Sherry
Shereeza	Sherrylene
Sherelle	Sherryline
Sheresa	Sherrylyn
Sherese	Sherryse
Sherey	Shery
Sherez	Sherylin
Sheria	Sherylyn
Sherice	Shiloh
Sheriesa	Shirece
Sherilin	Shiree
Sherise	Shonda
Sherissa	Shonta
Sherralin	Shontal

Shontalle	**Siena**
Shontelle	**Sienna**
Shuree	**Sierra**
Shynelle	**Sigourney**
Sian	**Sile**
Siana	**Sileas**
Siandrah	**Silíní**
Siani	**Silke**
Siania	**Silver**
Sianna	**Silvie**
Siany	**Silvine**
Sibylle	**Simone**
Sicili	**Simonette**
Sidaine	**Sinead**
Sidney	**Siobhan**
Sidonie	**Síofra**
Sidony	**Síomha**

Sioned	Skyler
Sionet	Sloan
Sionnach	Sloane
Siriol	Snowdrop
Siseel	Sofia
Sisely	Sóifia
Siselya	Sojourner
Sisile	Solange
Sisiliya	Solaris
Sissela	Soleil
Sissie	Solene
Siwan	Solstice
Sixtine	Sophia
Sky	Sophie
Skye	Sorcha
Skyla	Sorrel
Skylar	Soubrette

Spéir	Suzanne
Spencer	Suzette
Star	Sy
Stéfhanie	Sybille
Stella	Sydnee
Stephanie	Sydney
Stevie	Sylvette
Stoirm	Sylvia
Storm	Sylvianne
Stormi	Sylvie
Suede	Taffy
Suesana	Tahlor
Sulwyn	Talaith
Summer	Talar
Sunny	Tali
Susane	Talia
Sutton	Talie

Taliesin	Teghan
Taliessin	Tegwen
Talliesin	Teleri
Tananarive	Telyn
Tangwystl	Tempesta
Tanwen	Tempeste
Tara	Teresa
Tarian	Tereson
Tarot	Terra
Tatum	Terrwyn
Tavin	Tesni
Taylor	Tess
Tayvia	Tessa
Teagan	Thalia
Teegan	Thea
Tegan	Theodora
Tegau	Theoren

Therese	Tiúilip
Thérèse	Toille
Thomasette	Toinette
Thomasine	Toinon
Thomassia	Tomasa
Tiana	Topaz
Tierre	Tori
Tiffany	Torin
Tigen	Tracy
Tinsley	Trahel
Tirian	Trea
Tirien	Treasure
Tirion	Treva
Tirrien	Trevina
Tirruan	Trevor
Tiryan	Triage
Tiryon	Trina

Trinity	Tyrona
Tríonóide	Ula
Trista	Una
Tristam	Urbain
Tristan	Uther
Tristana	Vada
Trócaire	Valentina
Tu	Valentine
Tulip	Valeraine
Tully	Valeria
Tumajina	Valerie
Turas	Valérie
Turquoise	Valery
Twyla	Vanessa
Tygan	Vanille
Tygon	Vanitee
Typhaine	Vanity

Vannora	Veranina
Vanora	Verbena
Vardar	Vere
Varena	Verenice
Veda	Vériane
Vedette	Verity
Vega	Vermont
Veira	Verone
Velour	Veronica
Velouté	Veronique
Venise	Véronique
Venus	Vianne
Ver	Victoire
Vera	Victoria
Véra	Victorin
Vérane	Victorine
Verania	Victrice

Vienna	Vivien
Vignette	Vivienne
Ville	Viviette
Villette	Vogue
Vincence	Vrai
Vincentine	Vreni
Vinciane	Vyolette
Viole	Waverly
Violet	Wendee
Violeta	Wendi
Violette	Wendie
Vionnet	Wentliana
Virginia	Whitley
Virginie	Whitney
Viridienne	Willa
Vivian	Willow
Viviana	Win

Wina	Wren
Winafred	Wrenley
Windy	Wynafred
Winefred	Wynifred
Winefride	Wynn
Winefried	Wynne
Winfreda	Wynnie
Winfrieda	Wynnifred
Winifred	Wynstelle
Winifryd	Wynter
Winne	Wysandra
Winnie	Xaverie
Winnifred	Xaviere
Winny	Xavière
Winter	Ximena
Wisconsin	Xiomara
Wisteria	Yabell

Yabella	Yseult
Yabelle	Yula
Yamileth	Yvedt
Yara	Yvette
Yareli	Yvonne
Yaretzi	Zacqueline
Yasmin	Zahra
Yevette	Zaidee
Ygerna	Zainab
Yoland	Zakelina
Yolande	Zaniyah
Yolanthe	Zara
Ysabel	Zaria
Ysabell	Zariah
Ysabelle	Zariyah
Ysbel	Zaylee
Ysbella	Zelda

Zele	Zhakelina
Zelie	Zhaqueline
Zélie	Zhuri
Zenaida	Zinnia
Zénaïde	Zoe
Zendaya	Zoey
Zenia	Zoie
Zenna	Zola
Zenobie	Zora
Zephyrine	Zoya
Zéphyrine	Zuri
Zerline	

Notes

Notes

Notes

Notes

Our Babys Name is

....

Ingram Content Group UK Ltd.
Milton Keynes UK
UKHW020113100523
421503UK00012B/487